जी, जैसी आपकी मर्ज़ी...

जी, जैसी आपकी मर्ज़ी..

लेखन एवं निर्देशन

नादिरा ज़हीर बब्बर

वाणी प्रकाशन

वाणी प्रकाशन

4695, 21-ए, दरियागंज, नयी दिल्ली 110 002

फ़ोन : +91 11 23273167 फ़ैक्स : +91 11 23275710

शाखाएँ

अशोक राजपथ, पटना 800 004, बिहार

कॉफ़ी हाउस कैम्पस, महात्मा गांधी मार्ग, इलाहाबाद 211 001, उत्तर प्रदेश

महात्मा गांधी अन्तरराष्ट्रीय हिन्दी विश्वविद्यालय, वर्धा 442 001, महाराष्ट्र

36/ए, शेक्सपीयर सरणी, रानी बिरला गर्ल्स कॉलेज के पास, कोलकाता 700 017, प. बंगाल

www.vaniprakashan.com
marketing@vaniprakashan.in
sales@vaniprakashan.in

Ji, Jaisi Aapki Marzi...
by Nadira Zaheer Babbar

ISBN : 978-81-8143-823-2
Play

प्रथम संस्करण 2008
द्वितीय संस्करण 2023

मूल्य : ₹ 100

आर. टेक ऑफ़सेट प्रिंटर्स, दिल्ली-110 032 में मुद्रित

वाणी प्रकाशन का लोगो मक़बूल फ़िदा हुसेन की कूची से

समर्पण

इब्राहिम अलकाज़ी के नाम
जिन्होंने मुझे सर से पाँव तक बनाया...

गुरु गोबिन्द दोऊ खड़े का के लागूँ पाय
बलिहारी गुरु आपने गोबिन्द दियो बताय

आभार

अपने शौहर राज बब्बर साहब की शुक्रगुज़ार हूँ जिनके मौजूदगी के बिना शायद मैं कुछ भी नहीं कर पाती। मैं अपने दोनों बच्चों बेटी जूही और बेटा आर्य बब्बर की शुक्रगुज़ार हूँ कि उन्होंने बचपन से ही मेरे हर काम में साथ दिया। मैं अपनी सम्पूर्ण नाट्य संस्था 'एकजुट' के प्रति आभार प्रकट करना चाहती हूँ, विशेषतः दर्पण और हनीफ़ को।

मैं श्रीदेव और भरत की भी दिल से शुक्रगुज़ार हूँ जिनकी मदद के बिना ये काम संभव नहीं था। घर में कार्य करने वाले सहयोगियों वर्षा, मनीषा, पाटिलजी, झा इत्यादि जो घर पर मेरे लिए ऐसा वातावरण बनाते हैं कि मैं चिन्तामुक्त होकर काम कर सकूँ, इन सभी के प्रति आभार प्रकट करती हूँ।

इसके अलावा नेक मित्र और सुधी जन जिनके सहायता और सुझाव मुझे सदैव मिलते रहते हैं, अपने सभी दर्शकों के प्रति भी आभार प्रकट करती हूँ जिन्होंने इस नाटक को इतना बढ़ावा दिया।

अंत में वाणी प्रकाशन के अरुण माहेश्वरी जी को भी धन्यवाद, जो उन्होंने दो साल मेरे पीछे पड़के ये काम करवा ही लिया।

आप सबका धन्यवाद।

— नादिरा ज़हीर बब्बर

पात्र-परिचय

इस नाटक में चार स्त्री पात्र हैं। पहली दीपा उम्र 9 से 13 साल के बीच, दूसरी वर्षा पोटे उम्र 22 साल, तीसरी सुल्ताना उम्र 38 साल और चौथी बबली टंडन उम्र 26 साल। इस नाटक का प्रथम मंचन 1 सितम्बर, 2004 को मुम्बई के नेहरू सेंटर द्वारा आयोजित 'राष्ट्रीय नाट्य उत्सव' में किया गया था।

प्रथम मंचन में शामिल कलाकारों एवं तकनीशियनों की सूची

मंच पर

दीपा : कजरी बब्बर/नताशा सहगल
वर्षा पोटे : रश्मि पोटे/श्रुति व्यास/शिवानी टंकसले
सुल्ताना : दिव्या, शारदा/प्रीती/औड्री देवान/रूबी भट्ट
बबली : जूही बब्बर
कठपुतली नर्तक : पवन उत्तम-इमरान रशीद/सुमीत व्यास-वीरेन्द्र गिरी

मंच के पीछे

स्टेज मैनेजर : सुमीत व्यास, भरत झा
सेट : छैल परेश
सेट इंचार्ज : इमरान रशीद, वीरेन्द्र गिरी
म्यूजिक : अंशुमन देवान
म्यूजिक आपरेशन : सुनील पंडित/आलेख दहिया
लाइट : रवि मिश्रा, अकबर खान
कास्ट्यूम : जूही बब्बर
आर्ट वर्क : निक्की दवे, प्रिया गोसावी, सज्जाद खान
फोटोग्राफी : आर. उन्नीकृष्णन
ब्रोसर : दिव्या शारदा, रोमियो, गुरप्रीत
प्रिंटिंग : प्रफुल शर्मा, उमेश सोनी
फाइनेन्स मैनेजमेन्ट : दर्पण मिश्रा, हनीफ पटनी

प्रॉपर्टीज

1. 1 स्कूल बैग (दीपा के लिए)
2. 1 पर्स (वर्षा)
3. 1 पोटली (उसके अन्दर कुछ कपड़े) (सुल्ताना)
4. अधूरा बुना हुआ स्वेटर साथ में ऊन और सलाई (बबली के लिए)

सेट डिस्क्रिप्शन

मंच पर चार फीट चौड़े और आठ फीट लंबे चार प्लेटफार्मों को अलग-अलग ऊँचाई दी गई है। इन प्लेटफार्मों के ऊपर 4X8 की पेंटिंग खड़ी की गई है जो इन पात्रों के स्वभाव से मेल खाती हैं।

पहला : 6 इंच हाइट का प्लेटफार्म जिसके साथ स्टापू गेम की पेंटिंग।
दूसरा : 1 फीट हाइट का प्लेटफार्म जिसकी पेंटिंग में एक खिड़की खुली हुई है जिससे बाहर का आसमान और चाँद दिखाई देता है।
तीसरा : डेढ़ फीट हाइट का प्लेटफार्म जिसमें झोपड़ी और उसकी छत दिखाई देती है।
चौथा : 2 फीट हाइट का प्लेटफार्म जिसमें ड्रेसिंग लेबल की पेटिंग बनी हुई है।
चारों प्लेटफार्मों को अलग-अलग जगह पर स्थित किया गया है। (साथ में दिए गए रेखाचित्र में पोजीशनिंग देख सकते हैं।)

समर्पण

इब्राहिम अलकाज़ी के नाम
जिन्होंने मुझे सर से पाँव तक बनाया...

गुरु गोबिन्द दोऊ खड़े का के लागूँ पाय
बलिहारी गुरु आपने गोबिन्द दियो बताय

आभार

अपने शौहर राज बब्बर साहब की शुक्रगुज़ार हूँ जिनके मौजूदगी के बिना शायद मैं कुछ भी नहीं कर पाती। मैं अपने दोनों बच्चों बेटी जूही और बेटा आर्य बब्बर की शुक्रगुज़ार हूँ कि उन्होंने बचपन से ही मेरे हर काम में साथ दिया। मैं अपनी सम्पूर्ण नाट्य संस्था 'एकजुट' के प्रति आभार प्रकट करना चाहती हूँ, विशेषतः दर्पण और हनीफ़ को।

मैं श्रीदेव और भरत की भी दिल से शुक्रगुज़ार हूँ जिनकी मदद के बिना ये काम संभव नहीं था। घर में कार्य करने वाले सहयोगियों वर्षा, मनीषा, पाटिलजी, झा इत्यादि जो घर पर मेरे लिए ऐसा वातावरण बनाते हैं कि मैं चिन्तामुक्त होकर काम कर सकूँ, इन सभी के प्रति आभार प्रकट करती हूँ।

इसके अलावा नेक मित्र और सुधी जन जिनके सहायता और सुझाव मुझे सदैव मिलते रहते हैं, अपने सभी दर्शकों के प्रति भी आभार प्रकट करती हूँ जिन्होंने इस नाटक को इतना बढ़ावा दिया।

अंत में वाणी प्रकाशन के अरुण माहेश्वरी जी को भी धन्यवाद, जो उन्होंने दो साल मेरे पीछे पड़के ये काम करवा ही लिया।

आप सबका धन्यवाद।

– नादिरा ज़हीर बब्बर

पात्र-परिचय

इस नाटक में चार स्त्री पात्र हैं। पहली दीपा उम्र 9 से 13 साल के बीच, दूसरी वर्षा पोटे उम्र 22 साल, तीसरी सुल्ताना उम्र 38 साल और चौथी बबली टंडन उम्र 26 साल। इस नाटक का प्रथम मंचन 1 सितम्बर, 2004 को मुम्बई के नेहरू सेंटर द्वारा आयोजित 'राष्ट्रीय नाट्य उत्सव' में किया गया था।

प्रथम मंचन में शामिल कलाकारों एवं तकनीशियनों की सूची

मंच पर

दीपा : कजरी बब्बर/नताशा सहगल
वर्षा पोटे : रश्मि पोटे/श्रुति व्यास/शिवानी टंकसले
सुल्ताना : दिव्या, शारदा/प्रीती/औड्री देवान/रूबी भट्ट
बबली : जूही बब्बर
कठपुतली नर्तक : पवन उत्तम-इमरान रशीद/सुमीत व्यास-वीरेन्द्र गिरी

मंच के पीछे

स्टेज मैनेजर : सुमीत व्यास, भरत झा
सेट : छैल परेश
सेट इंचार्ज : इमरान रशीद, वीरेन्द्र गिरी
म्यूजिक : अंशुमन देवान
म्यूजिक आपरेशन : सुनील पंडित/आलेख दहिया
लाइट : रवि मिश्रा, अकबर खान
कास्ट्यूम : जूही बब्बर
आर्ट वर्क : निक्की दवे, प्रिया गोसावी, सज्जाद खान
फोटोग्राफी : आर. उन्नीकृष्णन
ब्रोसर : दिव्या शारदा, रोमियो, गुरप्रीत
प्रिंटिंग : प्रफुल शर्मा, उमेश सोनी
फाइनेन्स मैनेजमेन्ट : दर्पण मिश्रा, हनीफ पटनी

प्रॉपर्टीज

1. 1 स्कूल बैग (दीपा के लिए)
2. 1 पर्स (वर्षा)
3. 1 पोटली (उसके अन्दर कुछ कपड़े) (सुल्ताना)
4. अधूरा बुना हुआ स्वेटर साथ में ऊन और सलाई (बबली के लिए)

सेट डिस्क्रिप्शन

मंच पर चार फीट चौड़े और आठ फीट लंबे चार प्लेटफार्मों को अलग-अलग ऊँचाई दी गई है। इन प्लेटफार्मों के ऊपर 4X8 की पेंटिंग खड़ी की गई है जो इन पात्रों के स्वभाव से मेल खाती हैं।

पहला : 6 इंच हाइट का प्लेटफार्म जिसके साथ स्टापू गेम की पेंटिंग।
दूसरा : 1 फीट हाइट का प्लेटफार्म जिसकी पेंटिंग में एक खिड़की खुली हुई है जिससे बाहर का आसमान और चाँद दिखाई देता है।
तीसरा : डेढ़ फीट हाइट का प्लेटफार्म जिसमें झोपड़ी और उसकी छत दिखाई देती है।
चौथा : 2 फीट हाइट का प्लेटफार्म जिसमें ड्रेसिंग लेबल की पेटिंग बनी हुई है।
चारों प्लेटफार्मों को अलग-अलग जगह पर स्थित किया गया है। (साथ में दिए गए रेखाचित्र में पोजीशनिंग देख सकते हैं।)

दिखाकर ये पता लगाया जाय कि मैं लड़का हूँ या लड़की। क्योंकि अम्मा और बाबूजी को एक लड़का और दो लड़की पहले से ही थे। चौथा बच्चा लड़की हुई तो उसे वे मार देंगे। डॉक्टर ने बताया कि लड़की ही है। उस रात को घर आके अम्माँ-बाबूजी में काफी तनातनी हुई, एक और बूढ़ी जैसी आवाज़ बीच-बीच में कह रही थी—''क्यों अपने सर पे बोझ बढ़ा रहा है रामसरण? मैं तो कहती हूँ गिरवा दे इस लड़की को।'' काफी देर रात तक बातें हुईं फिर सब सो गए, सिर्फ़ मैं और अम्मा जाग रहे थे, मैंने अंदर से ही अम्मा से कहा, ''अम्मा मुझे बचा लो, मत मारो मुझे...मत मारो...। मैं जीना चाहती हूँ।'' लेकिन अम्मा कुछ बोली नहीं, बस रोती रहीं, रोती रहीं।

सुबह अम्माँ बाबूजी के साथ डॉक्टर के पास गई। पता नहीं वहाँ बात कैसे शुरू हुई, मगर डॉक्टर ने बाबूजी से कहा, ''मैं आपकी रिपोर्ट पुलिस में कर सकती हूँ, आपकी हिम्मत भी कैसे हुई इस काम के लिए मेरे पास आने की।'' ये सुनते ही बाबूजी गुस्से में बाहर निकल गए, लेकिन अम्माँ वहीं खड़ी रहीं और धीरे से डॉक्टर से कहा, "Thank you doctor ... ।" और फिर छः महीने के बाद मैं पैदा हो गई...मेरे पैदा होते ही सिस्टर ने आकर अस्पताल में मेरी दादी से कहा, ''माताजी, माताजी मिठाई खिलाओ मिठाई।' लेकिन दादी ने एकदम चमक के सिस्टर को डाँटा, ''मिठाई? मिठाई किस बात की? अरे तीसरी करमजली पैदा हुई है, हमारी तो किस्मत ही फूट गई!'' फिर दो-तीन दिन बाद मैं अपने घर आ गई, मेरा नाम 'द' अक्षर से निकला। मैं तो डर गई कहीं मेरा नाम दादी ना रख दें लेकिन दीपा रखा गया।

मुझसे बड़ा मेरा एक भैया है, जिसका नाम अंशुमन है, उससे बड़ी मेरी दो दीदियाँ है, बड़ी दीदी का नाम दुर्गा है और छोटी का लीला है। हमारे बाबूजी रेलवे में लोकोमेन का काम करते हैं। हम लोग यहीं रेलवे कॉलोनी में रहते हैं और हमारे क्वार्टर के बिलकुल सामने कंपनी बाग है, वैसे वहाँ बाग-वाग कुछ है नहीं बस ऐसे ही कहते हैं। वहाँ सब बच्चे खेलने आते हैं सिर्फ़ मैं और मेरी दीदियाँ वहाँ जा नहीं पातीं क्योंकि हमीं तो घर का सारा काम करती हैं। हम लोग झाडू करती हैं, कपड़े धोती हैं, बरतन माँजती हैं, अम्माँ सौदा

(प्रकाश आने पर हम देखते हैं कि सभी पेंटिंग्स काले कपड़े से ढँके हुए हैं। नाटक शुरू होने से पहले कठपुतली नृत्य की धुन बजती है। दो कठपुतली नर्तक मंच पर आते हैं जिन्होंने एक लंबे डंडे पर परदा बाँधकर कठपुतलियों को लटकाया हुआ है। नर्तक कठपुतली संगीत की धुन पर नाचते हैं। नर्तकों के नाचने पर कठपुतलियाँ हिलती हैं ऐसा लगता है जैसे कठपुतलियाँ ही नाच रही हैं। मंच पर धीरे-धीरे रौशनी मद्धिम होती है। अंधेरे मंच से बाहर निकल जाते हैं। चारों पेंटिंग्स में से काला कपड़ा हटा दिया जाता है। मंच पर धीरे-धीरे प्रकाश आता है। कठपुतली धुन धीरे-धीरे हल्की होती है। मंच पर दीपा स्कूल ड्रेस पहने स्टापू खेलती नज़र आती है।)

दीपा : अक्कड़ बक्कड़ बम्बे बोल–
अस्सी नब्बे पूरे सौ
पाव रोटी बिस्कुट
भैय्या खाए कुट-कुट
बहिने देखे टुक-टुक
दादी बोले वैरी गुड...

नमस्ते, मेरा नाम दीपा है, दीपा राय...घर पे सब लोग मुझे छुटकी कहते हैं, मैं आज से ग्यारह साल पहले पैदा हुई थी, जब मैं तीन-चार महीने की अपनी अम्माँ के पेट में थी, तो मैंने सुना मेरी अम्माँ और बाबूजी में बहस हो रही थी, कि अस्पताल में मेरी अम्माँ को

नाटक की एक मुद्रा में जूही बब्बर

कजरी, रश्मि, जूही और दिव्या नाटक के एक दृश्य में

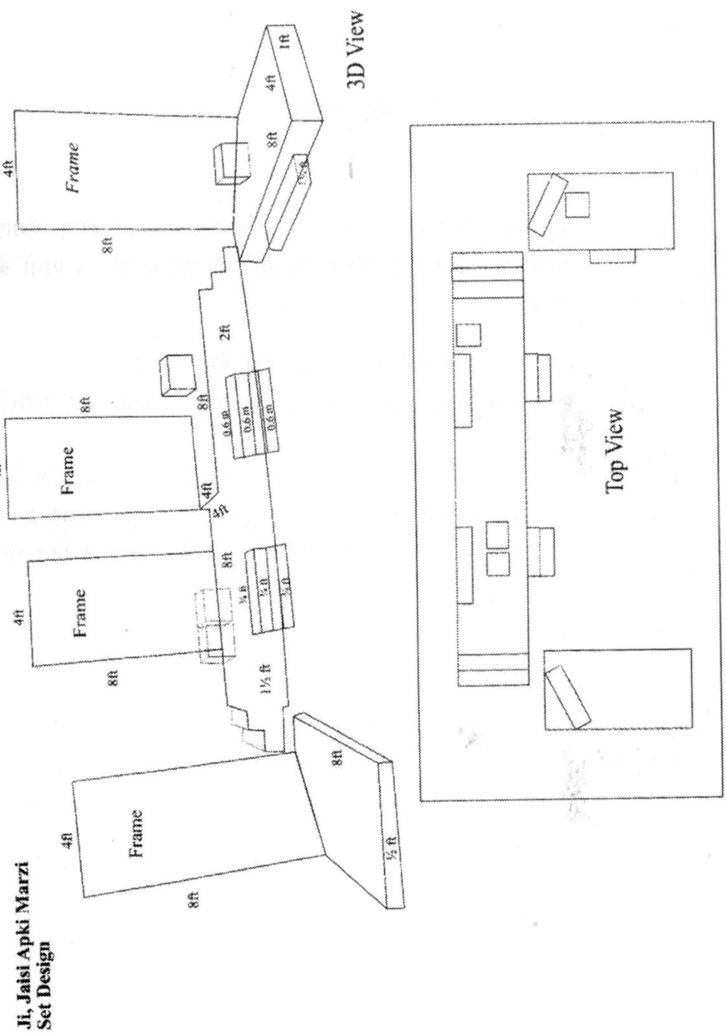

'जी, जैसी आपकी मर्ज़ी...' नाटक के मंच का छायाचित्र

दीपा की भूमिका में कज़री बब्बर

नाटक की एक मुद्रा में दीपा मेहता बनी नताशा सहगल

लाती हैं, रसोई भी सँभालती हैं। भैया? भैया घर का कोई काम नहीं करता। जब वो रात को कंपनी बाग़ से खेलकर या पिक्चर देखकर गाना गाते हुए आता है, कह दो ना कह दो ना यू आर माय सोनियाँ। फिर दादी चिल्लाती हैं—''छुटकी...भैया को पानी पिला, दिखता नहीं वो बाहर से आया है'। मुझे बहुत गुस्सा आता है कि भैया अपने आप पानी नहीं पी सकता?

एक दिन मेरी दोनों दीदियाँ बीमार हो गईं घर का सारा काम मुझे और अम्माँ को ही करना पड़ा, काम खत्म होते-होते तक मैं बहुत थक गई थी लेकिन फिर भी मैं पढ़ने बैठ गई क्योंकि अगले दिन स्कूल में टेस्ट था मेरा। फिर भैया घर आ गए। उसको देखते ही दादी ज़ोर से बोलीं, ''क्या किताबें लेके बैठी है? दिख नहीं रहा है, भाई घर आया है, उसको उठकर पानी पिला।'' मुझे भी गुस्सा आ गया, मैंने कहा, ''भैया अपने आप पानी नहीं पी सकते?'' ये सुनकर भैया ने मुझे ज़ोर से थप्पड़ मारा और कहा ढीठ हो गई है ढीठ एक दिन जमके धुलाई कर दूँगा ना फिर दिमाग ठिकाने आ जाएगा। अंदर से बाबूजी चिल्लाते हुए बोले, ''इसे आज ठीक कर ही दे बिटवा...'' ये सुनकर भैया मुझे और मारने लगे, मैं ज़ोर-ज़ोर से रोने लगी, मैंने क्या किया है? कि दादी डाँट रही है, भैया मार रहा है, अंदर से बाबूजी चिल्ला रहे हैं। मेरी बात सुनके बाबूजी गुस्से से बाहर निकले और मेरा हाथ पकड़कर घसीटते हुए ले जाकर स्टोर में बंद कर दिया। और बोले—''अब कोठरी में बैठ कर चिल्ला जितना चिल्लाना है,'' फिर बाहर से दरवाजे की साँकल लगा दी, दरवाजा बंद होते ही, स्टोर में घुप्प अँधेरा हो गया, मैं बहुत डर गई। अंदर से ज़ोर-ज़ोर से चिल्लाने लगी, ''अम्माँ-बाबूजी मुझे माफ कर दो, अब मैं कभी ऐसा नहीं करूँगी, मुझे बाहर निकाल लो, मुझे बहुत डर लग रहा है, दुर्गा दीदी।'' मगर किसी ने नहीं सुनी, बाहर बाबूजी चिल्ला-चिल्लाकर कह रहे थे—''चुप रहो निर्मला लड़की जात है...लड़की की तरह पालो, उसे लड़कों की तरह मिज़ाज मत दो, जिसे घर में भाई को पानी पिलाने में तकलीफ होती है, फिर ससुराल में जाके जूते खाएगी जूते?'' मैं बहुत देर तक रोती रही, लेकिन किसी ने मेरी नहीं सुनी पता नहीं कब मेरी आँख लग गई। सुबह दुर्गा दीदी की आवाज़ आई, ''बाबूजी कोठरी खोल

दूँ? छुटकी के स्कूल जाने का टाइम हो रहा है'', बाबूजी बोले, ''हाँ खोल दो, लेकिन उसको तमीज़ सिखाओ!''
(किसी के द्वारा कुण्डी खोलते हुए देखने की अभिनय करती है। और बाहर निकलकर अपना बस्ता उठाती है सिसकते, डरते हुए बोलती है) बाबू जी के डर से मुझसे किसी ने बात नहीं की मैंने सिर्फ़ अम्माँ को बाय किया और स्कूल चली गई। *(दीपा डरी और सहमीं हुई स्कूल बैग लेकर बाहर निकल जाती है...रोशनी मद्धिम होती है। समय परिवर्तन...रोशनी तेज...भागती हुई दीपा आती है। खुशी से चिल्लाती हुई।)*

अम्माँ...अम्माँ...मेरी बुआ आई है, उनका नाम है चंद्रमाला। है तो एकदम काली भुजंग...लेकिन नाम रखा है चंद्रमाला जैसे हो वैजंतीमाला। अपने चारों बच्चों को लेकर दो-दो महीनों के लिए यहाँ आ जाती है, उनकी इसीलिए इतनी शान है क्योंकि उनके चारों बच्चें लड़के हैं। इसीलिए वो हवलदार बन गई है और वो चारों के चारों इतने भोंदू, अकड़ू और खाऊ हैं कि बस क्या कहें। सबसे छोटा वाला नरेंद्र कुमार, उससे बड़ा राजेंद्र कुमार, उससे बड़ा वीरेंद्र कुमार और सबसे बड़ा सुरेन्द्र कुमार अपने आप को शाहरुख खान समझता है, आईने के सामने खड़ा होकर दिन भर 'तुझे देखा तो ये जाना सनम' गाता रहता है।

एक दिन वो शाहरुख खान बहुत तेज आवाज़ में टी.वी. देख रहा था, दुर्गा दीदी अंदर पढ़ रही थी, दीदी ने जब उससे कहा, तो दीदी को चिढ़ाने के लिए आवाज़ और तेज कर दी, दीदी ने गुस्से में जाकर टी.वी. बंद कर दिया, बस फिर क्या था, उधर से बुआजी का अटैक शुरू हो गया, ज़ोर-ज़ोर से रोने लगीं ऐंऽऽऐंऽऽऐऽऽऐऽऽ पूरा नाटक और कहने लगीं ''चलो चलो बच्चो सामान बाँधो, भिखारी नहीं हैं, हम हमारे घर में भी टी.वी. है।'' ये सुनकर अम्माँ बुआजी के हाथ-पाँव जोड़ने लगीं, ''माफ कर दो दीदी माफ कर दो'' और दुर्गा दीदी को थप्पड़ मारा और कहा ''बुआजी से माफी माँग'' इतने में बाबूजी आ गए उन्होंने आते ही बिना कुछ समझे बिना कुछ पूछे अम्माँ और दीदी को दो-तीन झापड़ लगा दिए (बाल पकड़कर मारने का अभिनय करती है) ''तेरी तो...कुतिया कमीनी।'' मुझे बहुत तेज गुस्सा आया। ये झगड़ा

शुरू होने से पहले मैं स्कूल यूनिफॉर्म प्रेस कर रही थी, प्रेस गरम ही थी, और मेरे ठीक सामने ही वो... शाहरुख खान खड़ा था, मैं धीरे से गई और वो गरम प्रेस ले जाकर शाहरुख के चूतड़ों पर चिपका दी। वो ज़ोर से चिल्लाया–''मेरी अम्माँ री मेरी चुत्तड़...मेरी चुत्तड़ जल गई अम्माँ'' मैंने प्रेस वहीं फेंक दी और तेजी से बाहर भागी, और घर से दूर नदी के किनारे आकर छुप गई। रात को जब मैं घर पहुँची तो पता चला कि बुआजी और उनकी सारी पलटन नाराज होके अपने घर चली गई और रही बात उस शाहरुख खान की अब वो ऐसे गाता होगा (पीछे पुट्ठो पर हाथ रखकर) क्या करूँ हाए कुछ कुछ होता है...।

(समय परिवर्तन...)

हमारे स्कूल में शहीदी दिवस पर एक फंक्शन हो रहा था, और नाटक में मैंने झाँसी की रानी का रोल किया, दादी ने तो मना ही किया था और कहा, ''हम लोग राय परिवार के हैं। राय परिवार के...राय परिवार की लड़कियाँ ऐसे खेल तमाशे नहीं करतीं। लेकिन मैंने नाटक किया...*(झाँसी की रानी को मुद्रा बनाकर)* ''बुंदेले हरबोलों के मुँह हमने सुनी कहानी थी, खूब लड़ी मर्दानी वो तो झाँसी वाली रानी थी'' और नाटक में मुझे फर्स्ट प्राइज भी मिला। फंक्शन खत्म होने के बाद जब हम हॉल से बाहर निकल रहे थे तो अचानक प्रिंसिपलनी जी वहाँ आ गईं और मेरी अम्माँ को देखकर कहने लगी, ''मिसेज राय आपकी तीनों बच्चियाँ बहुत अच्छी है। खास तौर से ये दीपा, ये तो कमाल है। अगर आप लोग चाहें तो इसको सरकार की तरफ से स्कॉलरशिप मिल सकती है।'' दादी एकदम से चेंज *(दादी की नकल करती है।)* ''ही...ही...ही...ही...आप ही की बच्ची हैं। आप ही की बच्ची हैं। ही...ही...चल पाँव छू पाँव छू, प्रिंसिपलनी जी के।'' दादी हमेशा ऐसे ही करती है।...मुझे और मेरी दीदियों को कभी भी पहनने को अच्छे कपड़े नहीं मिले। दिवाली पे साल में एक बार हमारे नए कपड़े बनते हैं, वो भी सड़क पर बैठे हुए दुकानदारों से और भैया के कपड़े बड़ी दुकान से खरीदते हैं। हमारा कभी बर्थडे भी मनाया नहीं जाता, भैया के बर्थडे पर बड़ी पार्टी होती है, घर के सामने टेण्ट भी लगाते हैं। गानें भी बजते हैं। ऐसा नहीं कि हमें

भैया के बर्थडे पर खुशी नहीं होती लेकिन हमारा बर्थडे...वो भी तो मनाना चाहिए ना?

(समय परिवर्तन)

एक बार मेरी दुर्गा दीदी बहुत बीमार हो गई उन्हें पीलिया हो गया, उन्हें ना तो किसी डॉक्टर को दिखाया, ना कहीं ले जाया गया, दुर्गा दीदी की हालत बहुत बिगड़ गई, यहाँ तक कि उनकी चादर और तकिया भी पीला हो जाता था। भैया को तो अगर थोड़ा बहुत खाँसी जुकाम भी होता है तो कानपुर ले जाते हैं इलाज करवाने के लिए...और मेरी दीदी के लिए कुछ नही? फिर हमारे पड़ोसी कहने लगे और कुछ नहीं तो इसे रेलवे अस्पताल में ही डलवा दो वहाँ तो मुफ्त का इलाज है ना। तो दुर्गा दीदी को रेलवे अस्पताल में भर्ती करवा दिया गया। अस्पताल में भी मेरी अम्माँ के सिवाय दीदी को कोई मिलने नहीं जाता था, अम्माँ भी कभी-कभी ही जा पाती थी। एक दिन अचानक अस्पताल से वार्ड ब्वॉय दौड़ते हुए आया और बोला–"आपकी बेटी दुर्गा सीरियस है, आप लोगों से मिलना चाहती है, आपको बुला रही है।" (दीपा दीदी-दीदी चिल्लाकर भागती है कि अचानक ठिठककर...जैसे सामने दुर्गा की लाश पड़ी हो...देखकर ज़ोर से चीखीती है)। दीदीऽऽऽ...हम लोग जब वहाँ पहुँचे तब तक दुर्गा दीदी तो...दीदी ऽऽऽ। *(रोती है।)* हम बहनें ज़ोर-ज़ोर से रोने लगीं। ऐसा लगता है कि जैसे परिवार में उसके मरने का दुख सिर्फ़ मुझे, लीला दीदी और अम्माँ को ही है। हम लोग बहुत चुप-चुप से रहते थे। दुर्गा दीदी का एक छोटा-सा टीन का डब्बा था, जैसे मिठाई के होते हैं...लीला दीदी ने जब उसे खोला तो उसमें कान के छोटे-छोटे टॉप्स और बालियाँ मिलीं और चार मेडल भी, क्योंकि मेरी दीदी हमेशा फर्स्ट आती थी ना और एक फोटो भी था, जो उसके दसवीं की परीक्षा के पहले उसकी क्लास की सहेलियों ने स्कूल में खींचा था। मैंने उस फोटो में से दुर्गा दीदी की फोटो काटकर दीवार पे चिपका दी थी।

मैं हमेशा सोचती हूँ, ऐसा क्यों होता है? क्यों अम्माँ को मार पड़ती है? क्यों हम बहनों को मार पड़ती है, क्यों भैया इंगलिश मीडियम मैं और हम बहिनें हिन्दी मीडियम में...? भैय्या को दो-दो ट्यूशन फिर भी घिसट-घिसट के पास होता है। हम बिना ट्यूशन

के स्कॉलरशिप लाते हैं। फिर भी क्यों नहीं प्यार करते हमें...क्यों नहीं प्यार करते हमें सब लोग...? क्या बुराई है हममें हमें भी तो प्यार चाहिए न?

(रोती है। तभी तेज क़दमों से दूसरे विंग से वर्षा आती है। घड़ी में टाइम देखती हैं। जैसे लेट हो गई हो। उसकी नजर दीपा पर पड़ती है। दीपा को रोता देखकर)

वर्षा : ए सुनो, क्या हुआ? क्यों रो रही हो?

दीपा : मैं कहाँ रो रही हूँ!

वर्षा : ये क्या खेल रही हो?

दीपा : स्टापू।

वर्षा : कैसे खेलते हैं?

दीपा : तुम्हें स्टापू नहीं आता, तुमने बचपन में नहीं खेला?

वर्षा : खेला होगा शायद पर मुझे याद नहीं।

दीपा : कोई बात नहीं, मैं सिखा दूँगी, आओ।

वर्षा : *(दीपा की तरफ जाती है और कहती है)* तुम्हारा नाम क्या है?

दीपा : लो अब तुम मेरा नाम भी भूल गईं। तुमने पहचाना नहीं मुझे? मैं ही तो हूँ...तुम...

वर्षा : मैं तुम हूँ...मतलब...

दीपा : *(दर्शकों से)* अरे बाबा इसको समझाने में तो बहुत टाइम जाएगा *(वर्षा से)*, ये लो गिट्टी, ये जो खाने बने हैं, ये स्टापू हैं, मैं आ के तुम्हें सब समझाती हूँ, तुम यहीं खड़ी रहना। और सुनो ज़्यादा दिमाग पे ज़्यादा ज़ोर मत डालना, जितना है वो भी खत्म हो जाएगा। *(दीपा चली जाती है।)*

वर्षा : *(गुस्से में)* अग...बाई! वघा कैसे बोल के गई, जैसे मेरी नानी हो, आज कल के बच्चे Extra smart, हम लोग तो कितने simple थे, मुझे तो अभी भी याद है। जैसे ही मैं सातवीं से आठवीं क्लास में आई मेरी तो life ही बदल गई, अब स्कर्ट नहीं पहनना, फ्रॉक नहीं पहनना, पंजाबी ड्रेस ही पहनना। हूँ ऽ ऽ ऽ लड़कियाँ...ऐसे नहीं बैठतीं, वैसे नहीं बैठतीं, लड़कियाँ...ज़ोर से नहीं हँसतीं, लड़कों के साथ खेलना बंद। मेरे बाबा हमेशा कहते "वर्षा तुला माहिते नाई, औरत जात को दुनिया में कदम फूँक-फूँक कर रखना पड़ता है।" मैं वर्षा पोटे, मेरे बाबा रामदास पोटे। हम लोगों की कपड़ों

की एक छोटी-सी दुकान है, यहीं माटुंगा मुम्बई में। मेरी दो बहनें हैं। बड़ी का नाम लक्ष्मी है और छोटी का नाम अर्चना है। मेरी आई पार्वती, वो नाट्य संगीत की बहुत अच्छी सिंगर है। बाबा उनको कभी गाने से रोकते नही हैं, लेकिन कभी एप्रिसिएट भी नहीं करते। आई के programme की कभी तारीफ़ करो तो बाबा हमेशा "हूम...म...म..."। ऐसे करते थे। जिसका मतलब है गाती हो तो हर्ज नहीं लेकिन नहीं गाओ तो बेह्तर होगा।

मेरी शोभा काकू, मतलब मेरे बड़े काका की wife हम लोगों के साथ ही रहती हैं, उनकी शादी के बाद से उन्होंने मेरे बाबा को और मेरी एक आत्या मतलब बुआ को बहुत सँभाला, मुझे और मेरी बहनों को भी, बाबा जब कभी हम लोगों को डाँटते थे शोभा काकू उल्टा उन्हीं को डाँटतीं। शोभा काकू ने आत्याजी की शादी भी कराई। हमारे वहाँ एक शेट्टी Family रहती थी। उनकी यू.एस. ऑफ अमेरिका में many, many, big, big उडिपी रेस्टोरेंट थे, उन्होंने हमारे काकाजी को ऑफर दिया। रेस्टोरेंट के मैनेजमेंट के लिए जाने से पहले काका ने काकू से कहा, "शोभा मैं जाऊँ न, तुझे भी जल्द वहाँ बुला लूँगा।" तो शोभा काकू बोली, "जा, पण लौकर या, हो लवकर या, जल्दी आना"।

फिर काकू कि क्या आई, अरे नौवारी छोड़ के गोल साड़ी पहनने लगी काकू, गोल साड़ी में काकू एकदम मुमताज लगती। एक दिन काकू इतना सारा ऊन लेकर आई और बोली, "मोटा स्वेटर बनाने का है, बाजू वाली फर्नांडिस आंटी ने बताया U.S. में बहुत ठंड पड़ती है। अभी मैं जाऊँगी ना Foriegn, मेरे वो मुझे बुलायेंगे ना, तुम्हारे काका, अ Uncle रे बुलाएँगे ना मुझे। मगर काका ने नहीं बुलाया बल्कि उसी Shetty Family की किसी लड़की के साथ शादी कर ली और पंद्रह साल तक अपना मुँह तक दिखाने नहीं आए। वहीं उनके दो बच्चे भी हुए, मेरी काकू को कोई बच्चा नहीं था। पंद्रह साल बाद आए भी तो अपने घर नहीं आए, होटल Sun & Sand में ठहरे थे। अपने बच्चों को इंडिया घुमाने, ताजमहल दिखाने लाए थे, हम लोग कोई उनसे मिलने भी नहीं गए। उन्होंने सिर्फ़ बाबा को हॉटेल में ही बुला लिया था मिलने के लिए। शोभा काकू को जब ये बात पता चली तो वो बहुत रोई, रो-रो के पागल

वर्षा पोटे की भूमिका में शिवानी टंकसले

नाटक के एक दृश्य में वर्षा पोटे बनी श्रुति व्यास

सी हो गई, बाबा से कहने लगी, "पाँच मिनट के लिए मुझे मिला दो उनसे, मैं कुछ पूछना चाहती हूँ।" तो बाबा चिल्लाकर बोले कि "भाऊ नहीं मिलना चाहते तो मैं क्या करूँ?" उस दिन पहली बार घर में बाबा और आई का झगड़ा हुआ। वहाँ बाबा चिल्ला रहे थे, यहाँ आई रो रही थी। "मरी आई भाऊ नहीं मिलना चाहते तो मुझे क्यों घसीटती हो बीच में।" तो आई बोलीं, "अपने घर की औरतों की तरफ कोई जिम्मेदारी होती है कि नहीं, 15-16 साल एक औरत अकेली ज़िंदगी काट सकती है? ज़िंदगी भर उसने तुम्हारी सेवा की कि नहीं...? ऐसा ही कुछ ...नको रे देवा, हमारी किसी बेटी के साथ हो जाता तब भी तुम यही कहते..."। बाबा को बहुत तेज गुस्सा आया और बाबा ने आई को सन्न करके थप्पड़ मारा और कहा, "अब तेरी बकवास बंद होगी" तभी अंदर से शोभा काकू आई, "नको रे बाबा, नको, मेरे लिए तुम दोनों झगड़ा मत करो, नहीं मिलना चाहते तो ना सही, जाऊ दे त्याला तिकड़े।" उस दिन रात भर घर में सब चुपचाप थे, आई बाबा से बात नहीं करती थी, हम सब भी एकदम चिड़ीचिप, बस एक काकू ही थी जो सबसे हँस बोल रही थी, सबको हँसाने की कोशिश कर रही थी। रात को सोने से पहले काकू आई के पास गई और बोली, "पार्वती, पारू ग, कुछ गा के सुना, अच्छा लगेगा रे मेरे को।" तो आई बोली "नहीं ताई मन नहीं है मेरा तुम जाकर सो जाओ बहुत रात हो गई है।" तो काकू बोली, "अच्छा जाती मीं हाँ तूँ आराम कर" और काकू जाकर सो गई, हम सब भी सो गए। सुबह साढ़े पाँच बजे आई उठी (आई के उठने का अभिनय करती है)। सदा सर्वदा योग तूझा घड़ावाँ, तुझे कारणी देव माझा पड़ावाँ..., उपेशू नको गुणवन्ता अनन्ता, प्रभु कारणे देह माझा पड़ावाँ। (कुछ देखकर चिल्लाती है) हम सब भी हड़बड़ाकर उठ गए "काय झाला आई, काय झाला?" *(चिल्लाते हुए)* काकू...काकू...काकू...काकू ने अपने दोनों हाथों की नसों को ब्लेड से काटकर आत्महत्या कर ली थी। उनका पूरा बिस्तर खून से लाल हो गया था, उनके तकिए के नीचे एक पर्ची मिली काका के नाम, उनकी अंतिम इच्छा कि वो आकर उनको अग्नि दें। अभी भी सोचती हूँ तो मेरा खून खौल उठता है। क्यों ऐसा होता है हम लोगों को जो पाँव की जूती भी

नहीं समझते उनके लिए अपनी जान दे देते हैं, क्यों हमें बचपन से कूट-कूट कर ये सिखाया जाता है कि पति जैसा भी हो Adjust करो, क्योंकि अपने पति को सुखी रखने में ही हमारी सबसे बड़ी कामयाबी है। और हमारा सुख, हमारी आशाएँ, हमारे सपने, उनका क्या?

लेकिन ये सब बातें सिर्फ़ पुराने लोगों की नहीं हैं, हमारी युवा पीढ़ी भी, Young Generation वैसे तो Cool, Cool Happening, What's up! Coilege में अगर पंजाबी ड्रेस पहन के जाओ तो, ए, बहनजी ऐसा कह के चिढ़ाते हैं मुझे। अगर प्यार हो तो ये आशा करते हैं कि लड़कियाँ उनके साथ...शी...! मुझे भी एक लड़के से प्यार हो गया था, वो गुजराती था, जिग्नेश, लेकिन मैं जब भी उससे कोई Commitment की बात करती तो वो Topic ही बदल देता। दो साल तक उसने बहुत कोशिश की कि मैं उसके साथ...पर मैं...? नक्को। एक बार मैंने उससे कह दिया, "देख जिग्नेश अगर तू अब मुझसे शादी का Commitment नहीं करेगा तो टा टा... बॉय बॉय...! तो वो एकदम बोला, "ए वर्षा I also wanted to talk to you, क्या है कि अभी तमेरा ने मेरा, क्या है मैं मेरे Family का Only son तो Family Business भी मुझे ही सँभालना है ना, फिर मेरे मम्मी पापा ने भी मुझे कह दिया कि Community के बाहर शादी नहीं करने का, तो मैं अपने मम्मी पापा के Against तो नहीं जा सकता ना, "Bullshit Community के बाहर की लड़कियों को घुमाना चाहते हो, उनके साथ सोना चाहते हो तब मम्मी-पापा से पूछा था? किस चीज में मॉडर्न होते हैं ये लोग? विचारों से...ज़िंदगी की जो बुनियादी चीजें हैं, मान्यताएँ हैं, उनमें? नहीं...सिर्फ़ कपड़ों में, सिगरेट में, शराब में, फ्री सेक्स में...मैं एक डेढ़ महीने तक खूब रोई। फिर ताई ने दो झापड़ लगाए ठीक हो गई। वैसे ज़्यादातर लड़कों को ये गलतफहमी होती है कि कोई लड़की उन्हें मना कर ही नहीं सकती Overconfident बर का!

तभी अचानक बाबा की सेहत खराब रहने लगी। डॉक्टर को दिखाया तो उसने कहा कि पेट में ट्यूमर हो गया है, ऑपरेशन में पचास-साठ हजार लगेगा, बच तो जाएँगे मगर ऑपरेशन के बाद पाँच-छः महीने आराम और परहेज करना पड़ेगा। ये बात पता

चलते ही हमारे सब बिरादरी के रिश्तेदार आने लगे हमदर्दी जताने के लिए, "...काय झाला पोटे साहेब, काय झाला तीन-तीन लड़कियाँ हैं। इनके कोई लड़का भी तो नहीं है ना।" हाय बेचारे...अरे लड़का होता तो, क्या पेट फाड़ के ट्यूमर अपने हाथ से निकाल देता? मैं मानती हूँ कि लड़का होता तो दौड़भाग करता, तो क्या हम लोग दौड़भाग नहीं कर सकतीं। अरे आप लोग हमारे ऊपर विश्वास करेंगे तभी तो हम कुछ कर सकेंगे ना। फिर ताई ने बाबा से कहा, "मैं और वर्षा सब करेंगे। मैं और आई बाबा के साथ अस्पताल में दौड़ भाग करते थे। लक्ष्मी ताई दुकान सँभालने लगी, अर्चना घर पर आई की हेल्प करती। ऑपरेशन हो गया, बाबा ठीक होकर घर आ गए। मैं और ताई दुकान पर रेग्युलर जाने लगे। तब वो सब रिश्तेदार 'हाय बेचारे', कोई नहीं आया हमारी हेल्प करने...।

एक दिन क्या हुआ ताई मेरे साथ दुकान पर नहीं आई, हमारी दुकान के ऐन सामने अमृत जूस सेंटर था, ताई और मैं कभी-कभी वहाँ से Cocktail juice मँगाते थे ½ वो मुझे बहुत पसन्द है ना इसीलिए। तो दोपहर में वहाँ से एक वेटर एक गिलास ठंडा Cocktail juice लेकर आया "ए सुनो भैया...मैंने तो कोई जूस नहीं मँगाया।" वो वेटर अजीब से घोड़े की तरह हँसता हुआ चला गया, तभी हमारे दुकान के नारायण काका ने वो जूस का गिलास उठाया और बाहर जाकर मोगरे की झाड़ को पिला दिया। तिच्या माइला काय कर तो... तभी दुकान के फोन की घंटी बजी, "हैल्लो, पोटे कटपीस सेंटर" "ए माधुरी दीक्षित जूस कायको फेंक दिया रे, वड़ीं Cocktail नहीं तो Orange juice खप्पे" मैंने एकदम पलटकर दुकान की तरफ देखा तो वो दुकान के मालिक का बेटा, अरे वही जिसके नाम पर जूस सेंटर है, अमृत, मुझे देखकर यूँ टेढ़ी Smile दे रहा था, इतना नाटा था कि खींच तानकर नापो तो चार फुट का होगा, गोरा, बिल्ली आँखें, उँगली में चाबी का गुच्छा ऐसे घुमाते हुए अपनी खटारा से निकलता है जैसे रितिक रोशन अपने Mercedez से निकल रहा हो। मन तो हुआ कि एक सटाक करके दूँ फिर सोचा जाने दे वर्षा रोज का आना-जाना है। लेकिन फिर तो वो फैल ही गया, देखते ही देखते एक छोटी-सी बात एक बड़ा बवंडर बन गयी। बाद में मैंने और ताई ने तय

किया कि उस अमृत के बाप मिस्टर मंडवानी से बात करेंगे। दूसरे दिन हम उसके बाप से बात करने के लिए गए, उसका बाप तो बत्तमीजी में सचमुच अपने बेटे के बाप निकले, कहने लगे, ''मेरा बेटा ऐसा कर ही नहीं सकता, काय को फालतू बात करता है मैडम मेरा बेटा एकदम सोना है सोना ट्वेण्टी फोर कैरेट...प्योर गोल्ड...। अरे चलो-चलो धन्धे की खोटी मत करो।'' हम डाँट खाकर वापस आ गए, फिर रोज गंदे-गंदे फोन, धमकियाँ, फिर एक दिन तो उसने मुझे ये धमकी दी कि अगर मैं उसके साथ नहीं गई तो वो मेरे मुँह पे Acid डाल देगा। में एकदम डर गई। मैं, ताई और नारायण काका ने ये Decide किया कि हम Police में Complain लिखवाएँगे। दूसरे ही दिन हम Police Station पहुँचे तो वहाँ की तो पूछो ही मत, हमारी बात ही नहीं सुनी Complain क्या खाक लिखेंगे। मुझे गुस्सा आ गया मैंने उस Officer से कहा, ''अगर आप हमारी Complain नहीं लिखेंगे तो इतने सारे Womens Organaisation हैं हम वहाँ अपनी Complain लिखाएँगे'' तो वो कहने लगा, ''Best बघा madam. Best बघा सब नारी संगठन में Complain लिखाओ, चलो टाटा बॉय बॉय।' हम वहाँ से भी आ गए। ये भी क्या दादागिरी है कि जबर्दस्ती किसी को पसन्द करें सिर्फ़ इसलिए क्योंकि हम लड़कियाँ हैं, Weaker sex! जैसे ही दुकान पहुँची फिर फोन आया, ''ए जगदंबा, तूँ Police तक पहुँच गई, क्या बोला था तेरे को तेरे face पे Acid डालेगा Ready है ना।'' मैं एकदम डर गई, 10-15 दिन दुकान पर भी नहीं आई, हमने यहाँ तक सोच लिया कि ये वाला दुकान बेचकर कहीं और Shift कर लेंगे। कुछ 10-15 दिन बाद कागजात लेने दुकान पर गई, तो क्या देखती हूँ कि सामने ना तो वो हीरो था और ना ही उसकी वो खटारा, हो नारायण काका...काय झाला तो अमृत...नारायण काका से पता चला कि हमारे पीछे एक बहुत बड़ा बवंडर हुआ। वे अमृत यहीं सब्जी मार्केट में एक बिहारी सब्जी वाली को भी छेड़ता था, एक दिन ना जाने उसने क्या कहा कि उस सब्जीवाली ने वो तोलने वाला बाट उठाया और उसके मुँह पे दे मारा, उसके तो सामने वाले दो दाँत ही टूट गए। फिर क्या था सारी सब्जीवालियाँ, मछलीवालियाँ इकट्ठा हो

गई और किसी ने डंडा उठाया और किसी ने बाट और पूरी मार्केट में दौड़ा-दौड़ा के ये पकड़ो...पकड़ो... ।...ये नाश पीटे...हलकर.. .ये...मेलेऽ। धो डाला। हम मिडिल क्लास फैमिली से अच्छे तो ये अनपढ़ गरीब लोग हैं, ना दिखावे वाली कोई इज़्ज़त और ना ही मवालियों का डर। अगर इनमें से किसी के पति ने वैसा किया होता जैसा काका ने मेरी काकू के साथ किया तो क्या वो सहती, ना...कभी नहीं नेवर...वो भी अपना घर फिर से बसा लेती, और दस बार कोसती अपने मरद को...सबके सामने, और एक हम लोग मिडिल क्लास लेडीज, बस सारी ज़िंदगी डर-डर के मर-मर के जीते हैं। ऐसा क्यों होता है? क्यूँ हम लोग अपने आप को ऐसा बनने देते हैं? क्यों?

(दूसरी तरफ से सुल्ताना मंच पर आती है और वर्षा से पूछती है)

सुल्ताना : क्यों रो रही हो बेटा?

वर्षा : नहीं मैं कहाँ रो रही हूँ?

सुल्ताना : लो अभी तो रो-रो के सबको इकट्ठा कर लिया और अब कह रही हो कहाँ रो रही हूँ।

वर्षा : Excuse me, मैं तो आपको जानती तक नहीं।

सुल्ताना : जानती हो बेटा! जरूर जानती हो! जानोगी कैसे नहीं, हाँ पहचानती नहीं हो। ये एक अलग बात है। हम सबका एक रिश्ता है आपस में। तुम अभी नहीं समझोगी।

वर्षा : लो पहले वो स्टापू वाली एक लेसन पढ़ा के गई, और अब ये आँटी... हम सबका रिश्ता है। आपस में...।

सुल्ताना : अरे बेटी जरा सुनो।

वर्षा : Sorry, Sorry मुझे जाना है, मुझे देर हो रही है। **(चली जाती है)**

सुल्ताना ठीक है जाओ, लेकिन फिर मत रोना, क्योंकि रोने से कोई मुश्किलें हल नहीं होतीं। रोना तो जैसे हम औरतों की पहचान ही बन गई है। लड़कों को तो बचपन से ही कहा जाता है "चुप रहो क्या लड़कियों की तरह रोते रहते हो" लेकिन औरतों के लिए रोना ही जैसे सबसे बड़ी खूबी है। (दर्शकों से) मैं? मैं सुल्ताना। इसी की उमर की थी...नहीं इससे भी छोटी...बारह-तेरह साल की थी जब अम्माँ-बाबा ने मेरा निकाह कर दिया, अकील नाम था मेरे शौहर का, उमर में मुझसे 10 साल बड़े थे। रुख़्सती होके मैं उनके घर

पहुँची तो कुछ रातें तो मेरी सास ने मुझे अपने पास ही सुलाया।

एक दिन दोपहर में घर पर कोई नहीं था, अचानक मेरे शौहर अकील घर आ गए, मैं बरामदे में बैठी चटनी पीस रही थी, वो पीछे से आए और मुझे उठाकर कोठरी के अंदर ले गए, कोठरी में ले जाके जो मेरी हालत की... मैंने बहुत चीखें मारीं लेकिन उन्होंने एक नहीं सुनी। *(छटपटाती है। और बचने की कोशिश करती है।) आह...छोड़ो मुझे...छोड़ो...छोड़ो....आह।)* मैं बेहोश हो गई, जब होश आया तो देखा कि नीचे से सब खून जा रहा था। थोड़ी देर बाद मेरी सास आई...पहले तो मेरी हालत देख के थोड़ा-सा डरी फिर एकदम बोली ''चल-चल बहुत नखरा हो गया...अब उठ जा, अरे अभी नहीं तो चार छः महीने में तो करना ही था ना, ऐसी कौन-सी कयामत आ गई'', उसके बाद दो-तीन हफ्ते तक मेरे नीचे घाव रहा, पंद्रहवाँ साल शुरू होते-होते तक मुझे एक लड़की भी हुई, उसका नाम सबीहा रखा, फिर सवा-सवा साल पे मुझे दो लड़कियाँ और हुईं नगीना और सकीना, दूसरी लड़की होने के बाद से मुझे घर में खूब झाड़ें पड़तीं, मार पड़ती के लड़का नहीं हो रहा है, मेरी सास मुझे कहती, ''देख मैंने चार-चार लड़के पैदा किए तू एक तो घर का चिराग़ पैदा कर।'' मेरी सास और शौहर को मुझसे एक और शिकायत थी...मैं गोरी नहीं थी ना *(जैसे किसी ने पूछा हो कि अकील का रंग कैसा था।)*...अकील? अरे उनका रंग तो मुझसे भी...लेकिन यही है ना इन लोगों का...खुद जैसे भी हों...रंग काला, नाक टेढ़ी, दाँत निकले हुए...लेकिन बीवियाँ चाहिए इन्हें हमेशा 'हूर परी' 'चाँद का टुकड़ा'।

जब मैं चौथी बार पेट से थी तभी से सब घरवालों ने कहना शुरू कर दिया था। कि अगर इस बार भी लड़की हुई तो अकील का निकाह फिर से कर देंगे। और मेरी बदनसीबी देखो क़ि मुझे चौथी बार फिर लड़की ही हुई। मैं बहुत डर गई थी। मैं दूसरे-तीसरे दिन ही उठ गई और घर का काम शुरू कर दिया, अचानक मेरी सास आई...मेरी लड़कियों को नोचती घसीटती और कहा, ''उठा अपना ये लड़कियों का कूड़े का ढेर और निकल जा घर से।'' अम्मी ऐसा ना कहो, कहाँ जाऊँगी? तो मुझे लात मारी और कहा, ''कहीं भी जा, आते जुम्में को अकील का निकाह कर रहे हैं।''

अम्मी ऐसा ना कहो अकील मेरे शौहर हैं...। अचानक पीछे से मेरे शौहर आए और कहा...''काहे का शौहर? तलाक...तलाक...तलाक...ले हो गया तलाक।'' और फिर मुझे घसीट कर, धक्के मार-मार के मेरी लड़कियों के साथ घर से बाहर निकाल दिया। *(रोती है।)* ऐसा मत करो अम्मीं...मैं यहीं कहीं कोने में पड़ी रहूँगी। अम्मी...अम्मीऽऽ कहाँ जाऊँगी मैंऽऽ। कुछ समझ में नहीं आया कि क्या करूँ! तो रोते हुए अपने मायके चली गई, अब्बा का तो इस बीच इंतकाल हो गया था, दो भाई थे, दोनों की औरतें बुरी नहीं थीं। लेकिन एक शौहर से छोड़ी हुई औरत और उसकी चार लड़कियों को कौन रखेगा, मेरी माँ तो पहले ही उनके रहमोकरम पर थी वो बेचारी क्या सहारा देती। मैं घर के बाहर सड़क के फुटपाथ पर ही रहने लगी, एक चादर को डंडे से लगा के घर बना लिया, तब मैं बीस साल की थी। ये क्या बात है? जब चाहा बस औरत को तीन बार तलाक बोला और घर से बाहर निकाल दिया, बस फिर क्या था, इधर-उधर झाड़ू-कपड़ा-बरतन करने लगी बस इसी तरह कभी आधे पेट खाके कभी भूखे सो जाते थे। इसी बीच मेरी दो लड़कियों का इंतकाल हो गया सबसे छोटी को हैजा हो गया और दूसरे नंबर वाली को एक मोटर गाड़ी ने उड़ा दिया। मैंने दोनों बार बहुत दौड़भाग की, कि उनको किसी तरह बचा लूँ *(दौड़ भाग करने का अभिनय करती है।)*...डॉक्टर साहब... डॉक्टर साहब...मेरी बच्ची...बीबीजी... बीबीजी...थोड़े पैसे दे दो...भाभी बच्ची बहुत बीमार है...मेरी बच्ची...मेरी बच्ची...मेरी बच्ची...। मगर मैं उन्हें नहीं बचा पाई। मेरी बाकी दोनों लड़कियाँ स्कूल भी जातीं और मेरे साथ काम पर मेरा हाथ भी बँटातीं। इसी तरह कुछ छः-सात साल बीत गए, इस बीच मैंने अपनी एक झोंपड़ी भी बना ली थी।

तभी मोहल्ले में रहने एक हक़ीम साहब आए, उनकी बीवी मर चुकी थी। इतना बेशरम-नासपीटा कि पूछो मत। जब भी मैं उनके दवाखाने के सामने से गुज़रती तो मुझे देखकर वो शायरी करने लगता।

''रोशनी चाँद से होती है सितारों से नहीं,
मोहब्बत एक से होती हैं हज़ारों से नहीं''

मुझे बहुत गुस्सा आता, लेकिन फिर मुझे लगता अब क्या कहूँ

उससे, चुपचाप सर झुका के निकल जाती। एक दिन मगरिब का वक्त था मैं अपनी बेटियों को खाना खिला रही थी कि मेरे बड़े भाई जान आए और मुझसे कहा, "सुल्ताना तेरी किस्मत तो बड़ी अच्छी है। हक़ीम साहब तुझसे निकाह करना चाहते हैं," मैंने मना किया तो भाभियाँ, भाई सबने मिल के मुझे डाँटा-फटकारा...और मेरे लाख मना करने के बावजूद एक महीने के अंदर-अंदर सबने मिलकर मेरा निकाह हक़ीम साहब से कर दिया। कैसा होता है ना? वो भाई-भाभी जिन्होंने मेरी कभी परवाह नहीं की, जिनके घर के सामने मैं सड़क पर रहती थी, आज अचानक मेरे हमदर्द बन गए और मुझसे एक ऐसा फैसला करवा दिया जो मैं हरगिज नहीं चाहती थी। घर के सामने फुटपाथ पर रहती थी ना, देख-देख के शरम भी आती होगी और ये भी लगता होग ना कि कल को बहन की लड़कियाँ जवान होंगी तो इनकी शादियाँ भी हमें ही करानी पड़ेगी इसलिए बहन की शादी करा दो तो ये बलायें भी टल जायेंगी। शादी के बाद हक़ीम साहब के यहाँ पहुँची तो वो बोले, "सुल्ताना पर अब तुम्हें बुर्का पहनना पड़ेगा," मैंने कहा बुर्का? "मगर पूरा मोहल्ला तो मुझे हज़ार बार देख चुका है। कितने घरों में तो मैंने झाड़ू पोंछा किया है।" तो बोले, "किया होगा, अब तुम हमारी बेगम हो," मुझे हँसी आ गई, "बेगम..." मैंने ज़हर का घूँट पीकर बुर्का पहन लिया। हक़ीम साहब ने शादी होते ही मुझ पर और मेरी बच्चियों पर दवाखाने का सारा काम डाल दिया। दिन-रात मेरी बच्चियाँ दवाइयाँ कूटती-पीसती रहतीं, मुफ्त के मज़दूर जो मिल गए थे। हाथों में छाले पड़ जाते... लेकिन ज़रा सी ग़लती हुई नहीं कि हक़ीम साहब हमेशा तैयार रहते थे हमें फटकारने और मारने के लिए...। ...कुछ दिन बाद उन्होंने कहा कि सबीहा भी बड़ी हो गई है, इसको भी बुर्का पहनाओ और म्युनिसीपेलिटी के स्कूल से निकाल के लड़कियों के मदरसे में डालो, "मैंने कहा, "क्यों?" तो बोले, "मुझे हुज्जत पसन्द नहीं है, मैंने जो कह दिया सो कह दिया, हम शरीफ घरों की औरतें मर्दों से क्यों और कैसे नहीं पूछतीं आख़िर मेरी भी कोई इज़्ज़त है।" "इज़्ज़त" ये सारी इज़्ज़त तो इनकी ही होती है। हमारी तो कोई इज़्ज़त ही नहीं। हमें अपनी सारी ज़िंदगी ऐसे बितानी पड़ती है कि इनकी इज़्ज़त

बनी रहे। मैंने अकेले में सबीहा को समझाया तो वो बहुत रोई, उसने कहा अम्मी चलो वापस हम सड़क पर झोंपड़े में ही रह लेंगे। *(मैंने बड़ी मुश्किल से सबीहा को समझाया)* वो बहुत रोई, तीन-चार दिन तक खाना भी नहीं खाया। इससे पहले भी मैंने ज़िंदगी भर बहुत मुसीबतें काट के गुजारी थीं लेकिन ये ज़िंदगी सबसे बुरी थी, जैसे दोधारी तलवार, जितना भी सँभालकर चलो कटना तो पड़ेगा ही। धीरे-धीरे मुझे लगने लगा कि सबीहा एकदम चुप-चुप और डरी-डरी सी रहने लगी है, मैंने दो-तीन बार उससे पूछने की कोशिश की...''क्या बात है बेटा?'' मगर वो हर बार 'कुछ नहीं अम्मी...' कहकर टाल जाती थी। एक दिन मैं सकीना को लेकर उसकी स्कूल की फीस भरने जा रही थी...आधे रास्ते में याद आया कि स्कूल की फीस की पर्ची तो मैं घर पे भूल आई हूँ। उल्टे पाँव वापस गई। घर पहुँची तो पूरा घर खाली। सोच ही रही थी कि सबीहा और हक़ीम साहब कहाँ गए कि अचानक बाथरूम से लोटा गिरने की आवाज़ आई। मैं तेजी से बाथरूम की तरफ दौड़ी दरवाजे को धक्का मारके खोला तो क्या देखती हूँ कि सबीहा बाथरूम में फर्श पर पड़ी हुई है, पूरी नंगी, मुँह में कपड़ा ठूसा हुआ और वो हक़ीम आधा नंगा मेरी बेटी पर चढ़ा हुआ था। मेरे सर पर खून सवार हो गया। मैंने कोने में रखा हुआ कपड़े धोने वाला धोका उठाया और अपनी पूरी ताकत के साथ उस हक़ीम के सर पर पीछे से दे मारा। हक़ीम मेरे वार से एक तरफ गिर गया। मेरे सर पे ख़ून सवार था। मैं ग़ुस्से से पागल हो रही थी, जहाँ पे हक़ीम को चोट लगी थी उसी ज़ख़्म पे मारती चली गई, मारती चली गई मारती चली गई। जब तक कि उसका सर दो हिस्सों में फट नहीं गया, और वो वहीं मर गया। पूरा बाथरूम ख़ून से भर गया। सबीहा और सकीना मुझसे लिपट गईं और हम तीनों ही ज़ोर-ज़ोर से रोने लगीं। अल्लाह... मेरी बच्चियाँ...मेरी बच्चियाँ...। थोड़ी देर बाद पुलिस आ गई और मुझे हवालात ले गई।

जेल जाते वक़्त मैंने सबीहा से कहा, ''डरना मत बेटा...ये वक़्त भी गुज़र जाएगा। तुम यहीं रहना, ये हमारा ही घर है, फिर से पढ़ाई शुरू करना। एकदम कड़क होके जीना न किसी से ज़्यादा हँसना, बोलना ना ही किसी पे यक़ीन करना और अपनी छोटी

बहन सकीना का भी ध्यान रखना बेटा'' और उसने मेरी एक-एक बात सुनी। एकदम बड़ी हो गई वो। इस तरह ख़ामोशी से पूरी ज़िम्मेदारियाँ उठा के अपना फ़र्ज़ निभाना, ये तो सिर्फ़ अपनी बेटियाँ ही कर सकती हैं। लेकिन फिर भी हम लोग अपनी बेटियों की क़द्र नहीं करते। जब मैं जेल पहुँची तो वहाँ एक बड़ा भला इंस्पेक्टर मिल गया। मुझसे कहने लगा बहनजी आपको शायद ज़्यादा सज़ा ना हो, और वही हुआ। कुल दो-ढाई साल मुक़दमा चला और मैं बाइज़्ज़त बरी हो गई। मैं घर लौटी तो पूरे मोहल्ले वालों ने मुझसे मेरी सबीहा की तारीफ़ की। सबीहा सत्रह बरस की हो चुकी थी और बारहवीं पास कर चुकी थी...अब वकालत पढ़ना चाहती थी, उसके लिए रिश्ते आने लगे मगर सबीहा ने एकदम इनकार कर दिया और बोली जब तक मैं वकील न बन जाऊँ... शादी नहीं करूँगी और वो मुझे समझाने लगी, ''अम्मी तुम्हें तो तालीम की क़द्र करनी चाहिए। अगर तुम पढ़ी-लिखी होतीं तो क्यों ये दिन देखने पड़ते?'' ठीक ही कह रही थी... और फिर उसने बहुत सारी शर्तें रख दीं—मैं किसी अनपढ़ से शादी नहीं करूँगी, मैं मार नहीं खाऊँगी, मेरे शौहर को मेरे काम करने पर एतराज़ नहीं होना चाहिए। ससुराल वालों को और शौहर को शादी के पहले ही जाकर डॉक्टर से ये भी समझ लेना चाहिए कि औरत को लड़का होगा कि लड़की ये मर्द की वजह से तय होता है ना कि औरत की वजह से। फिर क्या था धीरे-धीरे रिश्ते आने बंद हो गए। मुझे रात-दिन उसकी शादी की फ़िक्र अंदर-अंदर खाती रहती है।

(हाथ में सलाई और ऊन लिए स्वेटर बुनती हुई बबली आती है। सुल्ताना को देखकर रुक जाती है। सुल्ताना से)।

बबली : कैसा लड़का चाहिए आपको?

सुल्ताना : पढ़ा-लिखा, पढ़ा-लिखा होगा तो ज़्यादा समझदार और तमीज़दार होगा, मेरी सबीहा को ख़ुश रखेगा। क्या बुन रही हो बेटा?

बबली : अपने हसबैंड के लिए स्वेटर।

सुल्ताना : तो इतनी परेशान क्यों है?

बबली : नहीं तो...ये नमूना मेरी समझ में नहीं आ रहा है। दो घर सीधा फिर एक घर उल्टा...फिर एक घर सीधा और दो घर उल्टा...एक फंदा भी अगर गिर जाय तो पूरा फिर से बुनना पड़ता है।

सुल्ताना : सो तो है... अरे तो छोड़ दो इसे। कोई नया नमूना टिराई करो...उधेड़ दो ऐसे नमूने को जो तुम्हें इतना परेशान करे। *(सुल्ताना जाती है।)*

बबली : सतश्रियकालजी, मैं बबलियाँ लुधियाने से मेरा मतलब शादी से पहले, मेरे मम्मी डैडीजी का घर है वहाँ, मैंने लुधियाने युनिवर्सिटी से B.A. Pass किया है, मैंने और मेरी elder sister पिंकी दीदी ने भी। Education में हमारे parents ने कोई कमी नहीं छोड़ी है primary से लेकर B.A. Final तक हम लोग best schools & colleges में पढ़े हैं। only girls, co-ed नहीं हमारी family की girls co-education में study नहीं करतीं ना। Boys...? no जी! boy friend...? never ever जी। कैसा होता है ना... एकदम ऐसा माहौल फिर एक दिन अचानक बिल्कुल अनजान आदमी से शादी तय कर देते हैं arrange marriage और उस अनजान आदमी को हक़ होता है कि वो हमारे साथ जो चाहे करे। जैसे ही मैंने अपने B.A के exams ख़त्म किए ना तो मेरे साथ भी वही हुआ जो मेरी पिंकी दीदी के साथ हुआ था। मासी जी आ गई, सगी मासी नहीं हमारी मम्मी की कीर्तन की friend हैं। रिश्ते लाना उनका side business था। जब गल पक्की हो जाती तो दोनों पार्टी से कमीशन मेरा मतलब है...शगन लेती और फिर मुझे त्यार करके make-up, shake-up करके बिठाया जाता *(बबली हाथ में चाय की ट्रे लेकर चलने का अभिनय करती है। अचानक चौककर देखती है। जैसे किसी ने पुकारा हो)* हाँजी, *(जैसे किसी ने कहा हो कि गर्दन नीची करो)* हाँजी, सतश्रियकालजी, सतश्रियकालजी ***(ट्रे रखकर बैठती है)*** अब मासी जी के dialogue शुरू, "हाय मैं सदके, हाय मैं वारी अपनी बबली ते, बहन जी ते भाई साब मैं त्वानू की दसाँ साड्ड़ी बबली ते लक्खाँ बिच इक है लक्खाँ बिच one in a million।"

और मुझे ऐसा लगता जैसे मैं किसी showroom में सजी हुई साड़ी हूँ जिसे बेचने के लिए salesman भरपूर तारीफ़ें कर रहा हो। ओ मैडम ले जाओ, लेटेस्ट है, एक ही पीस है showroom में और आप पर बहुत ही सूट कर रहा है और जब ये बताया जाता है कि लड़की घरेलू और सुशील है। इसका मतलब के वो

virgin है। मेरा भी बड़ा मन होता है कि पूछूँ कि ये जो मुझे देखने आए हैं क्या घरेलू और सुशील हैं। पर इनकी तो ना जाने कितनी बार बल्ले-बल्ले हो गई होगी रब ही जाने। अब शुरू होती है bargaining, दहेज की बात। मैंने तो सुना है जो लड़कियाँ service करती हैं, गल पक्की होने के time पर उनकी payslip भी चेक करते हैं। छि... मुझे ये सब बिलकुल अच्छा नहीं लगता। मैंने तो डैडीजी से कह दिया। और क्योंकि मैं अपने डैडीजी की लाडली थी तो उन्होंने मासीजी से कह दिया कि बहन जी जब बहुत ही चंगा रिश्ता आए ना तब आप हमारे घर आना। एक दिन मैं अपने कमरे में अपनी अलमारी सेट कर रही थी तो डैडी जी आए,'' ओ बबली पुत्तर मेरे बच्चे मिल गया, मिल गया तेरे हाणदा राज करेगा मेरा बच्चा। लड़का M.B.A. है। family चंडीगढ़ विच रैंदी है और वो खुद बड़ी अच्छी company में बड्डी post पर दिल्ली में है। पर डैडीजी दिल्ली...''ओ पुत्तर दिल्ली कौन सा कनाडा में है पाँच घंटे पैंती मिन्ट भी नहीं लगते शताब्दी में बैठो कुछ करना भी नहीं पड़ता, शताब्दी अपने आप Delhi पुचा देती है, हा हा हा''...लो जी अब मुझे इनसे मिलाया गया Mr. Amandeep Singh Kohli *(बबली चाय की ट्रे लेकर चलने का अभिनय करती है। अचानक रूकती है। जैसे किसी ने पुकारा हो)* हाँजी, *(जैसे किसी ने कहा हो कि गर्दन नीची करो)* हाँजी, **सतश्रियकालजी, सतश्रियकालजी** *(ट्रे रखकर बैठती है।)* And I was very lucky इन्होंने मुझे select कर लिया क्यूँ ना करते मैं इनकी दोनों condition पर पूरी जो उतरती थी एक English speaking दूसरी good looking। अब मैं Ms. Babli Tondon से Mrs. Babli Amandeep Kohli हो गई। हमारी शादी में ना, बड़े सारे function हुए थे, हलदी, मेहँदी, संगीत, lady संगीत, cocktail Party, Reception. Reception मे तो बहुत से लोग आए थे। पूरा पंजाब ही आ गया था। मेरे डैडीजी के बहुत Contact है ना। So many gifts I tell you. वो हैं ना इनके Boss Mr. Kriplani उन्होंने हमको Gold Watches का set दिया था और उनकी Wife अ...Mrs. Anita Kriplani उन्होंने मुझे देखकर इनसे कहा "Aman you are a lucky guy, She is so pretty." Wedding night, वेडिंग नाइट में मैं wait करती रही, करती रही...3.30 बजे के आस-पास मेरे husband आए। मैंने थोड़ा-सा घूँघट उठाके देखा तो नशे में धुत्त आके गिर गए और सो गए। मुझे बड़ा ६ ाक्का लगा, समझ में नहीं आ रहा था कि क्या करूँ। एक तरफ तो बहुत गुस्सा आ रहा था दूसरी तरफ विदाई के टाइम पर मम्मी की दी हुई नसीहत, ''बेटी अपने हसबैण्ड को हर हाल में खुश रखना।'' सो मैंने हिन्दी फिल्म्स और T.V. सीरियल की हीरोइंस के जैसे अपने हस्बैंड के जूत उतारे, उनको ठीक से लिटाया, चादर उढ़ाई तब तक भूख भी इतनी लग आई थी कि वो कमरे में रखा हुआ दूध भी मैंने खुद ही पी लिया। इतने दिनों का इन्तजार, excitement मुझे रोना आने लगा। रोते-रोते आँख लग गई, 5.30-6.00 बजे के करीब मेरे हस्बैंड उठ गए और मुझे हिलाकर बोले "come to me baby" मैं ज़रा डर गई तो "you are shy, I like it" मेरी गर्दन पर हाथ फेरते हुए "Why are you so cold?" ऐसी ठंडी रहती हो क्या? not for too long! अभी गरम कर देते हैं। "come on, open my buttons. let me show you what a man is" मुझे बहुत अजीब सा लग रहा था। तभी मैंने डरते-डरते उनकी शर्ट के buttons...तो--''virgin चाहिए थी पर ऐसी inexperience भी नहीं, school या college में sex education नहीं था क्या?'' इन्हें देख कर मुझे तो...''यार come on बबली now stop this सती-सावित्री act! मैं कोई rapist हूँ...? rapist हूँ? husband हूँ तुम्हारा, come on babli'' उसके बाद...उसके बाद जो मेरे साथ हुआ, उसकी याद मेरे दिल पर हथौड़े की तरह पड़ती है। सुबह उठकर बोले, ''babli darling वो रात को मैं थोड़ा drunk था but I am sure you enjoyed yourself''...मैं क्या कहती। धीरे-धीरे ये मुझसे बोर हाने लगे, ''यार बबली तुम्हारे साथ तो sex करना ऐसा जैसे किसी ठंडी मरी मछली के साथ... no satisfaction what so ever'' मैंने ये बात अपनी पिंकी दीदी के साथ share करी। पिंकी दीदी ने मुझे बताया, ''बबली, ज़्यादातर ये macho man सोचते हैं कि वो इतने hot and sexy हैं कि वो जिस किसी औरत को हाथ लगाएँगे वो बर्फ़ की तरह पिघल जाएगी। जबकि असलियत ये

है कि औरत क्या किसी चुहिया को भी satisfy नहीं कर सकते। वो ये नहीं समझते कि उनके size, लंबाई-चौड़ाई से नहीं...औरत को असली ख़ुशी मिलती है उस इज़्ज़त और प्यार से जो औरत के लिए उनके दिल में होती है। पर अब उनको ये बात कौन समझाए? छड बबली तू तो acting कर। जिस तरह हमारे जैसी ना जाने कितनी औरतें करती हैं, हर रात। जब husband हाथ लगाए तो ऐसा कर जैसे तुम्हारे पूरे बदन में झनझनाहट हो रही हो ओह...आह...आह...और जैसे-जैसे वो और advances करे तो साँसों की आवाज़ों की रफ़्तार बढ़ा...आ...आह...और फिर आख़िर में ज़ोर से चीख जैसे तेरे अंदर कोई ज्वालामुखी फट गया हो, आह...ऽऽऽऽऽऽ। चाहे असल में कुछ भी न हुआ हो।" मैंने अपनी दीदी की बताई सारी बातें follow करी और इन सबसे मेरे husband satisfied भी हो गए। पर मेरी ख़ुशी...? मेरी भी तो कुछ तमन्नाएँ हैं और मेरा भी तो जिस्म है, इसकी भी कुछ इच्छाएँ हैं। सारा जीवन एक नाटक की तरह तो नहीं जीया जा सकता।

(समय परिवर्तन)

यहाँ दिल्ली में हम लाजपत नगर में रहते हैं, पर मैं बड़ी lonely हूँ। अभी किसी को ज़्यादा जानती नहीं ना सिवाय मेरी college की सहेली सुख्खी सुखमनी पर वो भी ज़्यादा मिल नहीं पाती joint family में रहती है ना और जब मैं उसके घर जाती हूँ तो मुझे अपने घर की बहुत याद आती है, लुधियाने की...। मम्मी-डैडीजी, चाची, सीबो चाची। सीबो चाची मुझे और पिंकी दीदी को बहुत प्यार करती हैं। उमर कैद जैसी ज़िंदगी जी उन्होंने, बड़े गरीब घर की थी, ज़्यादा पढ़ी-लिखी भी नहीं थी। माँ-बाप ने मजबूरी में शादी हमारे चाचा जी से कर दी। हमारे चाचाजी mentally retarted थे वो कहते हैं न आजकल mentally challenge हूँह...challenge तो सीबो चाची के लिए था। वो दिन-रात चाचा जी की सेवा करती, मेरी दादाजी, बीजी के आगे-पीछे नौकरों की तरह घूमती। उनको चाचाजी से दो बच्चे भी हुए। दो क्या सँभाल तो वो तीन बच्चे रही थी। हमारे चाचाजी तो खुद से toilet भी नहीं जा सकते थे। एक रात चाचाजी को बड़ा बुरा fit आया और उसी में उनका heart fail हो गया। बेचारी चाची को बहुत बुरा सदमा लगा। हमारी

बीजी आज तक सीबो चाची को कोसती हैं, कहती हैं "इसने साथ दिया होता तो हमें ऐसा दिन ना देखना पड़ता" अरे इससे ज़्यादा क्या साथ देती। मुझे ना एक बात समझ में नहीं आती, ऐसा कैसे होता है कि औरतें ही औरतों की सबसे बड़ी दुश्मन बन जाती हैं। आप बताओ मुझे कोई मरद करेगा किसी mentally retarded लड़की से शादी? नहीं ना। रब ने भी ना सारी क़ुर्बानियाँ सारी सेवा औरतों के सिर ही लिखी है, चलो कोई नहीं।

बड़ी याद आ रही है सबकी, मन हो रहा है कुछ दिन लुधियाने लगा आऊँ पर शादी के बाद अपनी खुद की responsibilities इतनी हो जाती हैं और ये रोटी तो मेरे ही हाथ की खाते हैं। servent है, पर कहते हैं babli सब्जी तो तूँ ही बनाया कर and at night time ना he always like गरम फुल्काज और फिर ये...ओय मैंने तो बताया ही नहीं हमने घर भी तो shift कर लिया है Greater kailash part II में 3 Bedroom hall house (**जैसे किसी ने कहा हो क्या प्रमोशन हो गया है**?) हाँजी company की तरफ से, promotion हो गई है, Driver, servent और अ...Lancer भी। थल्ले पार्कड है। वो जो इनको शादी में डैडीजी ने दी थी। ना Maruti Esteem वो अब इन्होंने मुझे दे दी है चलाने के लिए। पर मैं अकेले जाऊँ भी तो कहाँ, ये तो बहुत busy रहने लगे हैं ना बड़ा लेट आते हैं बहुत travel भी करते हैं Abrod Shabbrod और जब कभी घर पे हों तो late-late night तक Mobile फोन पर लगे रहते हैं phone ते Message phone ते Message मैं पूछूँ तो कहते हैं International deals है, ये मरी America सोती नहीं क्या? मैं कहती खाना खा लीजिए। इतनी देर हो गई है...मुझे चुप करा देते हैं, बबली तूँ सो जा तेरी तीबयत ठीक नहीं है, वैसे बात तो सही है मेरी तबीयत ठीक नहीं है कल मुझे जाना है स्वेरे 7o'clock Appointment है lady Doctor से (**जैसे किसी ने कहा हो क्या प्रग्नेंसी टेस्ट है**?) हाँ जी pregnancy test है स्वेरे। सवेरे मैं जल्दी उठ गई ये सो रहे थे मैं जल्दी-जल्दी तैयार हुई और अपनी Maruti Esteem खुद चला के lady Doctor के यहाँ गई। वहाँ Lady Doctor ने मुझसे कहा there is a good news Mrs Kohli ओ सच्चे बादशाह

सतनाम वाहे गुरू तेरा लख-लख शुकर है I was very exited समझ में नहीं आ रहा था कि क्या करूँ हाय ये तो अब तक office भी चले गए होंगे, office जाऊँ? न...न...मैं घर जाके phone करके ना इनको office से घर ही बुला लेती हूँ। मैं जल्दी-जल्दी घर गई, गुरुद्वारे भी नही रुकी और घर जाकर इनको phone लगाने लगी (**रिसीवर उठाकर कान पर लगाती है। कुछ सुनकर चेहरा फक्क पड़ जाता है। और कापते हाथों से रिसीवर रख देती है।**) वो अमन फोन पे...मुझे तो अपने कानों पर विश्वास ही नहीं हो रहा, ...पता है वो किसके साथ...वो उनके Boss की Wife अनीता...कितने प्यार से मिली थी मुझसे शादी में। मेरे तो जैसे पैरों तले ज़मीन ही निकल गई हो। ये सब...क्यों? क्यों? क्या करूँ किससे कहूँ, मम्मी डैडीजी को फोन...नहीं मम्मीजी तो फिर भी ठीक हैं...पर डैडीजी तो एकदम टूट जाएँगे, डैडीजी ओ डैडीजी, मैं कल्ली रह गई आपकी बबली गल्ली रह गई। डैडीजी...(**रोती है**) पर मैं चुप नही रहूँगी, मैं चुप नहीं रहूँगी। (जैसे अमन सामने से गज़र रहा हो।) अ...अमनजी...अमनजी... सुनिए अमनजी एक मिनट अमन (जैसे कहा हो मैं बहुत लेट हो गया हू बाद में बात करूगा।)...चले गए मैं एक मिनट कह रही थी ना... "Babli I am getting late, I am in a rush"। इन्हें तो शायद ये भी नहीं याद कि आज सवेरे मैं...बहुत जल्दी हो रही थी ना office जो जाना था। मुझे हर चीज से नफरत हो रही है, इनके promotion से इस...इस घर से, इस घर की एक-एक चीज से, एक-एक चीज से, एक-एक चीज से उस...उस lancer से। क्या गलती थी मेरी, मैंने क्या गलत किया, मन तो हो रहा की इस पूरे घर को मैं...अमन मुझे आपसे नफ़रत हो गई है। पर फिर विदाई के time पर मम्मी की दी हुई नसीहत "बबली पुत्तर अपने husband को हर हाल में खुश रखना।" हाँ मैं इन्हें खुश रखना चाहती हूँ मैं एक बहुत अच्छी wife बनना चाहती हूँ...तो...मतलब...मैं अंधी, बहरी, और गूँगी बन जाऊँ क्यों...क्यों मर्दों को ये हक़ होता है कि वो सैकड़ों affair करें लेकिन फिर भी फ़रिश्तों जैसे बने रहें। एक छत और दो वक़्त की रोटी देना कोई चाँद तारे तोड़ लाना तो नहीं है जिसके लिए हम अपना सब कुछ गँवा देते हैं, सब कुछ खो देते हैं, सब

कुछ गँवा देते हैं, क्यों क्यों?...क्यों?

(अँधेरा होता है। अँधेरे में चार-पाँच औरतों की आवाज़ में पाँच बार क्यों...क्यों...क्यों... क्यों गूँजता है। प्रकाश आने पर कठपुतली नर्तक नृत्य करते हुए दिखाई देते हैं। कठपुतलियों की जगह दीपा, वर्षा, सुल्ताना और बबली ने ले ली है। धीरे-धीरे रोशनी मद्धिम होती जाती है।)

(समाप्त)

□□□